DISNEY
PRINCESS

迪士尼公主
正向故事集
智慧的力量

貼紙版

U0106110

新雅文化事業有限公司
www.sunya.com.hk

迪士尼公主正向故事集
智慧的力量（貼紙版）

作　　者：Nicholas Tana, Kitty Richards, Rebecca L.Schmidt, Lara Bergen
翻　　譯：張碧嘉
責任編輯：胡頌茵
美術設計：劉麗萍
出　　版：新雅文化事業有限公司
　　　　　香港英皇道 499 號北角工業大廈 18 樓
　　　　　電話：（852）2138 7998
　　　　　傳真：（852）2597 4003
　　　　　網址：http：//www.sunya.com.hk
　　　　　電郵：marketing@sunya.com.hk
發　　行：香港聯合書刊物流有限公司
　　　　　香港荃灣德士古道 220-248 號荃灣工業中心 16 樓
　　　　　電話：(852) 2150 2100
　　　　　傳真：(852) 2407 3062
　　　　　電郵：info@suplogistics.com.hk
印　　刷：中華商務聯合印刷（廣東）有限公司
　　　　　廣東省深圳市龍崗區平湖街道鵝公嶺春湖工業區 10 棟
版　　次：二〇二三年十一月初版

"Spring Adventure: Snow White and the Wishing Well" by Nicholas Tana. Copyright © 2019 Disney Enterprises, Inc.
"Belle to the Rescue" by Kitty Richards. Copyright © 2016 Disney Enterprises, Inc.
"Tangled Wanted: Flynn Rider" by Rebecca L.Schmidt. Copyright © 2015 Disney Enterprises, Inc.
"Sleeping Beauty Trouble in the Forest" by Lara Bergen. Copyright © 2013 Disney Enterprises, Inc. Based on characters from the movie *Sleeping Beauty*. Copyright by © 1959 Disney Enterprises, Inc.
All stories are illustrated by Disney Storybook Art Team.

ISBN：978-962-08-8273-9
©2021, 2023 Disney Enterprises. Inc.

DISNEY PRINCESS

白雪公主
許願之井

靈活變通

在一個風和日麗的春日早上，白雪公主打算跟小矮人和王子見面。在出發之前，她先走到陽台上想欣賞外面春暖花開的草原，卻發現眼前的春天景致變了樣。原來，今年春天的雨水減少了，樹木不及往常那麼繁茂，也不見繁花盛放。

　　白雪公主嘗試留心細聽森林裏小溪的流水聲,怎料卻聽到了一聲微弱的叫喊。那呼叫聲似乎是從陽台下的許願之井傳出來的!

　　於是,她趕忙到花園裏的許願之井查看。

白雪公主低頭一看，發現井底裏竟然有一隻小兔子，
她感到十分驚訝。只見小兔子正在小口喝着水窪裏的水。
「你肯定很口渴吧。」白雪公主說。

小兔子嚇了一跳，想要從井裏爬出來，但是牠的身形太小了，並沒有成功。

「別擔心，我會幫助你的。」白雪公主叫道。她嘗試俯前身體，合起雙手，好讓小兔子可以跳上去。

小兔子多次奮力跳躍，
但還是跳得不夠高。
看來只差一點點！
⋯⋯其實還差得遠。

　　「我想到了。」白雪公主說，「我可以用水桶將你拉起來。」

　　於是，她慢慢地將水桶放到井中。可是，正當她拉起水桶的時候，繩子突然斷掉了！

白雪公主閉起雙眼許願，希望小兔子能平安從井裏出來。

　　當公主再睜開眼時，竟看見小兔子旁邊多了一
隻小松鼠，牠正在俯身喝着水窪裏的水。
　　「也許井裏沒有足夠的水，所以不能讓人好好
許願。」白雪公主心想。

為了幫助這些小動物，白雪公主決定去找後母幫忙。

　　但當她走到王后的寢室，看見後母正凝視着魔
法鏡子，看得入神。

　　於是，白雪公主靜悄悄地離開了。她知道後母
跟鏡子說話的時候，最好不要騷擾她。

　　白雪公主慢慢地沿着城堡的樓梯走下去，心裏一直
想着井底裏的小動物。她看着自己的腳步，想着這一步
一步的石級如何築起了一條樓梯……突然，靈機一觸，
她想到了一個好主意！

白雪公主重燃希望，向森林那邊走過去。
她跑過了草原，經過了灌木叢，直至走到森林
裏，找到了石徑。

白雪公主高興地蹲下拾起了其中一塊大石頭……

……然後抱着石頭走出森林。

　　白雪公主將石頭放在許願之井的井口上,然後低
頭看看裏面的動物。

這時，井裏變得更熱鬧了，
她看見有一隻小浣熊、一隻小花
栗鼠，還有一隻小臭鼬鼠都被困
在井底。

「請你們站在一旁吧。」白
雪公主指着井裏的一邊牆說。

　　說完，白雪公主便脫下了斗篷並把石頭放在上面，然後手執斗篷的兩端，小心翼翼地把石頭放到井裏去。

　　「小心啊！」白雪公主一邊放石頭，一邊叫道。

動物們都感到很奇怪，但白
雪公主沒有解釋，一聲不響的，
馬上又跑進森林去。

21

　　不久，白雪公主帶着另一塊石頭回來，用同樣的方法將石頭放進井裏。

　　白雪公主告訴動物們：「將這塊石頭放在第一塊石頭的旁邊吧。」

　　然後，她又再帶來一塊石頭。這次，她請動物們把那塊石頭放在第一和第二塊石頭的上方。

白雪公主努力搬石頭拯救被困動物的消息很快便傳開了，森林裏有不少動物都來幫忙。

白雪公主在動物們幫忙之下，建成了一條樓梯！白雪公主和動物們一起欣賞着他們的建築。

「雖然沒有城堡裏的樓梯那樣華麗，但這條樓梯也能發揮功用的。」白雪公主說。

小兔子最先跳上樓梯，然後是小松鼠、小浣熊和小花栗鼠。
大家都跟小臭鼬鼠保持安全距離！

所有動物都成功逃出後，天空開始下起綿綿春雨。

白雪公主高興地唱了一首旋律輕快的歌曲來慶祝。

由那天起，白雪公主便跟更多的森林動物成為了好朋友。她再次踏足森林的時候，動物們總是以愉快的吱吱喳喳聲迎接她。

春天終於來到了！花兒處處盛放，
灌木也長滿了野莓。

隨着雨水增加，石徑變成了溪流，森林的動物也可以輕易地喝水了。而許願之井裏也有足夠的水，可以給人們許願。

![Disney Princess 樂佩公主 拯救費華特 細心分析]()

樂佩公主

拯救費華特

細心分析

樂佩公主和費華特在醜小鴨酒館裏跟朋友相聚。

　　樂佩正在興奮地跟鐵鈎惡霸學習彈琴，而費華特則在旁學習室內設計。

　　「放右一點點。」根達說。

　　「右邊？真的嗎？」費華特移動着花瓶問道。

　　突然，酒館的門被粗暴地打開了。那是皇家御騎麥斯武，他身後還有兩位王宮守衞。

　　只見麥斯武傷心地叼着一張懸賞海報，上面有費華特的畫像！

　　「看來他們又認為你偷了我的王冠。」樂佩讀着費華特的懸賞令說。

　　「什麼？我可沒有做壞事啊！雖然我曾經偷過樂佩的王冠，但是我已物歸原主了。」費華特說。

　　兩名守衛解釋，昨晚深夜的時候，有目擊證人說一個看來跟費華特很相似的人偷偷潛進了城堡，也有不少人說曾經看見費華特在城堡附近鬼鬼祟祟出現，所以守衛們別無選擇，只能拘捕費華特。

　　「別擔心。」樂佩說，「我們會查清真相的。」

　　最後，費華特就只好跟麥斯武和守衛們一起離開了。

　　樂佩看着醜小鴨酒館的朋友們，她也有點擔心起來。雖然她知道費華特沒有盜竊王冠，但她必須找出證據來為他辯解。

樂佩和朋友們來到城裏，四處向居民打探消息。

關於偷王冠的事，城裏流傳着許多消息和猜測。

城裏有許多人都發誓說，他們昨天晚上看到了費華特。其中，一名圖書館管理員說他看見費華特在畫店附近出現，形跡相當可疑。

接着，又有一名船員跟樂佩說曾經在碼頭看見費華特。

「但你怎樣知道那個是他呢？」樂佩問船員。

「那個盜賊穿着一件綠色的背心，就像費華特平日常穿的那件。」那船員說，「況且，他也曾經偷過王冠吧。」

　　大家四出查問過後，樂佩認
為這件事背後一定是有人散播謠
言，刻意陷害費華特。

　　在酒吧裏，樂佩為大家分析
着事情說：「費華特根本不可能
在畫店附近出現，同一時間又出
現在碼頭啊！因為畫店跟碼頭分
別位於這城填的兩邊，世上又沒
有兩個費華特。」

　　到底誰才是真正的盜賊？為
了要證明費華特清白，他們必須
要捉拿真正的罪犯。

　　「我想到了一個辦法。」樂
佩說着，將大家拉了過來，緊密
地擠在一起，「留心聽着……」

　　隨後，樂佩和她的朋友立刻趕到城堡，將她的計劃告訴國王和王后。

　　「首先，我們要公告全國，讓大家知道所有皇家珍寶將會搬到王座大廳集中存放，方便看管。」樂佩說，「然後，你們要差派麥斯武和所有的守衛出國執行重要任務。」

「那麼，人人都會知道城堡和珍寶都沒有人看守啊！」國王和王后齊聲說。

「沒錯。」樂佩笑着說。

到了黃昏的時候，大家按計劃行事，城裏的居民都驚訝地看着麥斯武帶領着所有守衞步出城門，大家都議論紛紛。

到了晚上，城堡的人都要去睡了。

由於城堡裏沒有守衞，沒有人留意到有兩個黑影潛入城堡。原來兩個賊人再次回來，想要盜取更多的皇家珍寶！

他們悄悄地沿着繩子慢慢降落在王座大廳，四處尋找着珍寶……但是大廳裏卻空無一物！

　　忽然間，王座大廳燈火通明起來。樂佩
跟她的朋友們從藏身處跑了出來。原來，這
是一個陷阱！

　　只見那兩個盜賊身穿的綠色背心款式，
看起來跟費華特的背心是一樣的。鐵面惡霸
跟鐵勾惡霸馬上捉住兩個盜賊，樂佩脫下他
們的啡色假髮──原來是史諾巴魯兄弟！

「你怎會知道我們在這裏的？」史諾巴魯兄弟問樂佩。

「我就知道你們不會錯過這個進入王宮盜竊的機會。」樂佩說，「特別是當你們看着所有守衞離開這城堡。」

樂佩隨即向大家解釋事情的經過，史諾巴魯兄弟特地打扮得像費華特一樣以掩飾身分，難怪人們看見費華特到過那麼多地方，原來真的有兩個「他」！

「樂佩，我們就知道你一定能查明真相。」王后讚賞地說。

樂佩笑了笑，「那我就先行告退了，我要到監牢裏辦點事……」

終於，費華特洗脫了罪名，麥斯武跟樂佩一起到監牢去釋放他。

　　如今只剩下一個謎題了。

　　樂佩問史諾巴魯兄弟，警告說：「我的王冠在哪裏？快從實招來，不然我就讓你嘗嘗我的平底鍋！」

　　「兩位，你不會想被樂佩的平底鍋碰着的，相信我吧。」費華特說。

聽罷，其中一個賊人就從背心裏拿出王冠，招認說：「我們原本打算偷了皇家珍寶後，就到碼頭坐船，遠走高飛⋯⋯」

「如今恐怕不行了。」費華特說。他將王冠戴回樂佩的頭上。

為了慶祝事情水落石出，大家一起回到醜小鴨酒館舉行一場派對。

　　「老實說，你應該有點緊張吧？」樂佩對費華特說。

　　「我？緊張？不可能！我可是費華特啊，曾經到過遠方，遇見過漂亮的公主，又打敗過邪惡的魔法師。我的生活就是在時刻冒險！」費華特眨了眨眼，俏皮地說。

　　樂佩笑了，跟朋友們一起真好。

Disney
PRINCESS

貝兒

雪地拯救行動

冷靜機智

「茶煲太太！」貝兒走進廚房叫道，「我在門口前廳找到了這一袋衣服。」

「主人叫我丟掉他的衣服，」茶煲太太歎了口氣
說，「因為，嗯……衣服都不再合穿了。」

「我說呢，」盧米亞說，「他沒有一條褲子有洞可
以讓尾巴伸出來呢！」

於是，貝兒把那袋衣服放回前廳，
然後回到廚房。
　　就在這時，阿齊從門口跳進來。
　　「嗨，貝兒！」阿齊說，「你想跟
我玩捉迷藏嗎？」

　　「好啊。」貝兒說，「那由我來數一到一百，
你去躲起來，好嗎？」

「……九十八，九十九，一百。阿齊準備好了嗎？我來了！」貝兒叫道。

「叩叩叩！」
此時，大門傳來了一陣叩門聲，打斷了他們的遊戲。

貝兒馬上去開門查看。只見來了一個小販，他自信地向貝兒介紹着馬車上的產品。車上掛着一對溜冰鞋，鞋上那閃亮的刀鋒吸引了貝兒的注意。

「你有很多可愛的東西，」她說，「我們今天不需要什麼了，但……」

「我們可以把這袋衣服送給你。」貝兒告訴他。

小販的雙眼頓時亮起來了。

「小姐，你真的很友善！」他高興地說，「我一定要送你一件小禮物作為回報。」

他把一對溜冰鞋送給了貝兒，然後跟她告別了。

看着小販離開，貝兒才想起自己剛才正在跟阿齊玩捉迷藏，於是高呼：「噢，阿齊！我來了！」

貝兒找過了休息室……

她又翻遍了圖書館裏的所有書櫃。

她甚至還逐一查
找了大廳裏的盔甲。

　　「阿齊，不論你在哪裏，請你出來吧！」貝兒開始感到不安，在舞廳裏呼叫起來。

　　「阿齊，你贏了，出來吧！」貝兒呼喊道。但是，她並沒有得到應答。城堡裏只傳來了她呼喚的迴音。

　　阿齊不見了！

盧米亞過來問道：「貝兒小姐，我能協助你嗎？」

「我到處看過了，都找不到阿齊。」貝兒焦急地告訴他，「噢，糟糕了！他肯定是藏了在那袋衣服裏，我剛才將那袋衣服送給了小販！」

「來吧，盧米亞！」她說，「我們要快點找到阿齊，否則他這次就一去不返了！」

貝兒立刻穿上斗篷和靴子，然後帶上那對新的溜冰鞋以防萬一。

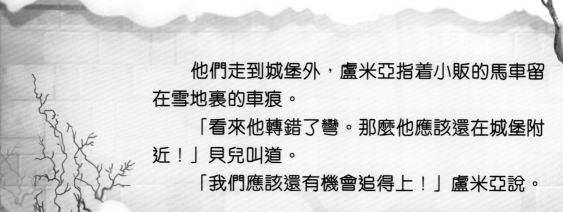

　　他們走到城堡外，盧米亞指着小販的馬車留在雪地裏的車痕。

　　「看來他轉錯了彎。那麼他應該還在城堡附近！」貝兒叫道。

　　「我們應該還有機會追得上！」盧米亞說。

主要大道

城堡地帶

貝兒帶着盧米亞騎上費立，跟着車痕追去。

「吼嗚嗚嗚！」突然傳來了一聲動物的叫喊聲。
貝兒和盧米亞不禁倒抽了一口氣。他們認得那聲
音，那是惡狼的叫喊聲！

費立也認得那聲
音，頓時被嚇到了。

　　牠嚇得猛地彈跳起來，貝兒和盧米亞隨即被拋起來了！
接着，費立腳下一滑，掉進雪堆裏去。

貝兒喘了口氣，捉住附近的一根樹枝，將自己從積雪中拉出來。然後，她救出了盧米亞。

貝兒拉了又拉，但仍無法將費立拉出來。
她到底該怎樣將牠拯救出來呢？突然，她想到了一個好主意！

聰明的貝兒想到可以利用溜水鞋當作鐵鏟鏟走積雪，
將費立救出來！

他們脫險後趕緊上路，希望還能追上那小販。

「我的天！」盧米亞叫道。他們來到了一條
分岔路，但地上的車痕已被降雪覆蓋了。
他們向哪一邊走才好呢？

貝兒看到旁邊一棵高樹上有一隻紅色鳥兒，她笑了笑，想起自己以前常常在樹上看書。

　　然後，貝兒走到樹邊，捉住樹枝，開始爬樹，還越爬越高。

　　「我看見馬車就在前面，湖的那邊！」貝兒興奮地說。

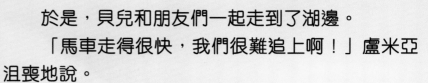

於是，貝兒和朋友們一起走到了湖邊。

「馬車走得很快，我們很難追上啊！」盧米亞沮喪地說。

貝兒笑了笑，說：「是嗎？」

貝兒帶着他們向冰封了的湖面前進。怎料，費立剛
踏進湖面，腳下就傳來一陣冰塊破裂的聲響！

「費立太重了！」盧米亞驚呼說。
在這危急關頭，他們可以怎樣做呢？
貝兒低頭一看，很快就想到了答案。

貝兒立刻穿上那對新溜冰鞋，然後小心翼翼地踏上冰封了的湖面。

「嘩啊！」貝兒驚叫了一聲，努力地在滑溜溜的冰
面上保持平衡。過了一會兒，她已經能流暢地在湖上溜
冰了。

貝兒的溜冰鞋在閃閃發光的冰面上滑行。
她迅速地滑過湖面，風吹打着她的頭髮，她滑
得越來越快。

但是，貝兒只顧望着小販的去向，沒留意到湖上有一根樹木枯枝，險些兒就撞上它。

幸好，她身手敏捷，來得及閃避！

終於，貝兒到達了湖的另一面。

「先生！」她喘着氣大叫，「你拐錯彎了，主要大道在另一邊。還有，我想起我有一件很寶貴的東西遺落在送給你的那袋衣服裏！那是一個小茶杯，杯緣上有一個小小的缺口。」

「你跑那麼遠，就為了一個有缺口的茶杯嗎？」小販搖搖頭說。

「那是我最喜愛的茶杯呢！」貝兒說。

　　她打開袋子，發現阿齊就在裏面，而且還很舒適地坐着。

　　「貝兒，這個藏身點很不錯吧？」阿齊悄聲說。

　　「真的很不錯。」貝兒笑着說。

愛洛公主
危機滿布的森林

聰穎果敢

從前，有三位善良的仙子——花拉仙子、翡翠仙子和藍天仙子。

　　為了保護愛洛公主躲避黑巫婆的追擊，仙子們化身為農村婦人，把公主帶到深林深處生活，還給她起了另外一個名字：薔薇玫瑰。

　　時間匆匆過去，薔薇玫瑰長大成人，她一直都不知道有關自己的身世秘密。

　　一天早上，仙子們和薔薇玫瑰在屋子裏準備吃美味的早餐。

　　藍天仙子看了看她的碗子，失望地埋怨說：「又是紅桑子？我喜歡藍莓啊，為什麼不能多吃點藍莓？」

　　「我可以去摘點藍莓的，藍天阿姨。」薔薇玫瑰提議說。

　　由於在屋子附近都沒有藍莓生長，仙子們可不想薔薇玫瑰走得太遠犯險呢。

　　藍天仙子隨即回應說：「噢，不用了，親愛的。紅桑子也很好。」

吃過早餐後，藍天仙子對藍莓念念不忘。於是，她悄悄地獨自出外採摘。

　　不久，翡翠仙子和花拉仙子發現藍天仙子不見了，她們都顯得有點擔心。

　　「難道她獨自去採摘藍莓？藍莓叢遠得很，在途中若遇上麻煩怎麼辦呢？」花拉仙子悄聲說。

　　於是，兩位仙子決定要去找藍天仙子。她們吩咐薔薇玫瑰留守在家裏等待她們回來。幾個小時過去了，薔薇玫瑰一直在等……一直在等。

　　她開始有點擔心了，眼看快要黃昏了，但她的阿姨們還未回來。

　　「雖然阿姨們叫我留在這裏，」她說，「但她們從未試過晚歸，這事太不尋常了！我一定要去看看她們是否安好。」

　　薔薇玫瑰獨自在森林裏走着。

　　不久，森林裏的動物都往薔薇玫瑰走過來了，以為
她是來探望牠們的。

　　「各位，我在找我的阿姨們。」薔薇玫瑰告訴她的
好朋友們，「我想她們是去了採摘藍莓，你們知道藍莓
叢在哪裏嗎？」

　　於是，動物們帶着薔薇玫瑰走過一條陰暗的路，她
可從來沒有到過森林的這一邊呢。

正當薔薇玫瑰懷疑這條路線是否正確的時候，她留意到前面的一根樹枝上掛着一塊藍色的布。

「啊，這塊布一定是來自藍天阿姨的披風！」她驚呼說，「我們走這條路就對了！」

　　最後，動物們將薔薇玫瑰帶到了森林中的一處空地。這裏長了茂密的藍莓叢，她到處張望，卻仍不見阿姨們的蹤影。

　　「她們會在哪裏呢？」薔薇玫瑰問。

　　忽然，有兩把熟悉的聲音從上面傳來。

　　「薔薇玫瑰，是你嗎？」

　　薔薇玫瑰舉頭一望，看見花拉阿姨和翡翠阿姨被困在一個高高懸掛在樹上的大網子中。

　　「花拉阿姨，翡翠阿姨！」薔薇玫瑰叫道，「你們在上面做什麼啊？」

　　這時，薔薇玫瑰聽到了另一把來自地下的呼喊聲。

　　原來，藍天仙子被困在洞底裏，幸好洞裏有許多樹葉，她摔進洞裏時沒有受傷。

　　「薔薇玫瑰，你不應該在這裏的！這些都是獵人設下的陷阱。」花拉仙子叫道。

「花拉阿姨，別擔心。」薔薇玫瑰說，「我把你們放下來。」說完，她便開始爬樹。

仙子們緊張地看着薔薇玫瑰。當她們聽到有些樹枝發出斷裂的聲音時，幾乎被嚇壞了。

終於，薔薇玫瑰成功爬到綁着繩結的位置。她把繩結解開，讓仙子們落在柔軟的草地上。

接着，薔薇玫瑰還要拯救藍天仙子。

地洞太深，仙子們都不知如何是好。翡翠仙子感歎說：「要是我們的手臂長一點就好了。」

突然，薔薇玫瑰心生一計，她興奮地說：「雖然我們的手臂不夠長，但是可以利用這個網子啊！」

薔薇玫瑰迅速地將網子拋進洞裏去。然後，藍天仙子就爬着網子，成功脫困了！

仙子們為薔薇玫瑰的急智而十分驕傲。

「你憑着智慧成功拯救了我們啊！」藍天仙子驚歎說。

「親愛的，我們要趕快回家了。」花拉仙子說，「我們離屋子太遠了，很危險的。」

忽然，森林裏傳來了馬蹄聲：「咯咯，咯咯，咯咯！」

「不好了，有人來了！」翡翠仙子倒抽了一口氣。

「一定是獵人來了。」花仙拉子說，「他們回來檢查設下的陷阱。」

薔薇玫瑰好奇地張望着，問道：「真的嗎？」

一直以來，她只認識幾位阿姨，從沒遇見過其他人，所以表現得很好奇。

花拉仙子立刻拉着她，警告說：「來吧，孩子，我們要趕快躲起來！」

　　薔薇玫瑰和仙子們立刻躲到附近最大、最茂密的藍莓叢裏。

　　不久，有兩個獵人騎馬來到了林中空地。

　　「我的陷阱怎麼了？」一個粗黑色鬍子的人問。

　　「看來獵物逃走了。」另一人拾起空網說，「但牠是怎樣逃掉的？又能去哪裏呢？」

　　他們看着四周，想找點線索。忽然，黑鬍子獵人俯身，拾起了藍天仙子那裝有藍莓的籃子！

　　「看來留下這籃子的人中了我的陷阱。」黑鬍子獵人說，「這可能是一個農家女孩的籃子。不知她去了哪裏呢？」

　　三位仙子在叢林後十分緊張，她們可不想讓獵人發現薔薇玫瑰。她們必須偷偷溜走，而且越快越好！

　　仙子們面面相覷，一臉擔心。她們怎樣才可以不
被發現，悄悄離開呢？

　　這時，薔薇玫瑰看到了她的貓頭鷹朋友，她心生
一計。她指着那兩名獵人，向貓頭鷹做了一個拍翼的
姿勢。然後，她又將手指放到唇上，眨了眨眼。

　　貓頭鷹馬上就明白薔薇玫瑰的意思了。牠飛到獵
人附近的樹上，先輕輕地叫了一聲，再飛到空地的另
一邊。

獵人們一聽到有動靜，就馬上向着貓頭鷹追去。

獵人們離開後，薔薇玫瑰和仙子們從叢林中走出來，安全地回到家了。

翡翠仙子稱讚薔薇玫瑰，說：「沒有你的話，真不知道怎麼辦呢。」

「你真是聰明啊！」花拉仙子補充說，「今次之後，大家不要擅自出走了。」

藍天仙子歎了口氣，說：「對不起，我沒有藍莓吃也是應該的。」

忽然，薔薇玫瑰笑了笑。

只見她從背後拿出了一個籃子，裏面全是藍莓！

「經過了這場刺激的冒險，我們怎能錯過這些藍莓呢？」薔薇玫瑰笑着說。